Alexandra Ferrarÿ

Pocket-Ratgeber Schule 4

Wochenplanarbeit in der Grundschule

⌂ Verlag an der Ruhr

Impressum

Titel
Pocket-Ratgeber Schule
Wochenplanarbeit in der Grundschule

Autorin
Alexandra Ferrarÿ

Titelbildmotiv
Lizzie Roberts | lizzieroberts.com

Verlag an der Ruhr
Mülheim an der Ruhr
www.verlagruhr.de

Geeignet für die Klassen 1–4

Unser Beitrag zum Umweltschutz

Wir sind seit 2008 ein ÖKOPROFIT®-Betrieb und setzen uns damit aktiv für den Umweltschutz ein. Das ÖKOPROFIT®-Projekt unterstützt Betriebe dabei, die Umwelt durch nachhaltiges Wirtschaften zu entlasten.
Unsere Produkte sind grundsätzlich auf chlorfrei gebleichtes und nach Umweltschutzstandards zertifiziertes Papier gedruckt.

Ihr Beitrag zum Schutz des Urhebers

© **Verlag an der Ruhr 2010**
ISBN 978-3-8346-0693-8

Printed in Germany

Lebenszeit sinnvoll zu gestalten und mich zu dem zu entwickeln, was ich bin. Dies sind in erster Linie meine Eltern und mein Mann. Auch einige meiner ehemaligen Lehrer gehören dazu.

Ich habe während meiner eigenen Schulzeit aber auch einige negative Erfahrungen mit Lehrern gemacht, die mir durch ihr Menschenbild und ungünstige Methoden zeitweise den Spaß am Lernen genommen haben. Durch sie habe ich jedoch gelernt, selber sensibel für die Bedürfnisse meiner Schüler zu sein.

Kinder bestmöglich zu motivieren, ihnen Freude am Lernen zu vermitteln und sie umfassend zu bilden, habe ich zum zentralen Ziel meiner Tätigkeit gemacht.

Eine große Hilfe dabei sind mir meine Kollegen der Schulanfangsphase der Christburg-Grundschule in Berlin, denen ich für die ausgezeichnete Teamarbeit und den aktiven Austausch danken möchte. Nur im Austausch können neue Ideen entstehen. In diesen Ideen kann sich eine andere Art von Unterricht entwickeln, die den oben genannten Überlegungen entgegenkommt.

Ich habe dabei die Arbeit mit dem Wochenplan als Möglichkeit entdeckt, wie ich die Motivation und Lernfreude der Schüler steigern und erhalten und mich ihnen intensiver zuwenden kann.

Durch das System wird der Einzelne, aber auch seine Rolle in der Gruppe gestärkt. Sowohl Fachkompetenzen als auch Sozialkompetenzen können so gefördert werden.

Ich wünsche Ihnen, dass Sie durch diesen Ratgeber angeregt werden, Neues auszuprobieren, dass Ihre Begeisterung an der Neugier der Schüler geweckt oder gestärkt wird.

Dadurch wird sich die Lernatmosphäre in Ihrer Klasse nachhaltig positiv verändern, und Sie werden immer wieder neue Freude an Ihrem Beruf finden!

Alexandra Ferrary

- [x] Warum brauchen wir eine veränderte Lernkultur?
- [x] Was bedeutet „geöffneter Unterricht"?
- [x] Warum ist Individualisierung nötig?

Den Unterricht verändern – warum überhaupt?

Zeitgemäßer Unterricht fordert vom Lehrer mehr als die pure, frontale, lerngruppenzentrierte Wissensvermittlung.

Ausgehend von konstruktivistischen Lerntheorien rückt das Kind mehr und mehr als Individuum in den Mittelpunkt.

Dementsprechend wird von Lehrern eine immer stärkere Individualisierung und damit verbundene Differenzierung gefordert.

Geöffnete Unterrichtsformen bieten Raum für individualisiertes Lernen.

Hierbei stehen viele Modelle und Formen zur Verfügung. Die bekanntesten sind wohl Stationsarbeit, Lerntheke, Werkstattunterricht sowie Tages- oder Wochenplanarbeit.

Im Folgenden möchte ich die Wochenplanarbeit und meine Erfahrungen damit vorstellen.
Viele Elemente sind jedoch auch auf die anderen Arbeitsformen anwendbar.

Egal, für welche Form Sie sich entscheiden: Vergessen Sie nicht, trotz oder gerade wegen der höheren Individualisierung, immer wieder gemeinsame Gesprächs-, Einführungs- und Auswertungsphasen einzuplanen!
Die Arbeit mit dem Wochenplan bietet eine Vielzahl von Möglichkeiten dazu!

Wenn ich von meiner Klasse berichte, handelt es sich um eine Berliner Schulanfangsphasen-Klasse, also Kinder, die im 1., 2. oder 3. Schulbesuchsjahr (und damit zwischen fünf und acht Jahre alt) sind.

Ich möchte Ihnen Mut machen, möglichst früh mit geöffnetem und selbstorganisiertem Lernen zu beginnen. Natürlich sind die Ideen auch für ältere Schüler anwendbar.

Am besten entwickeln Sie aus den im Folgenden beschriebenen Methoden im Austausch mit Ihren Kollegen Ihr eigenes System für die Wochenplanarbeit.

Suchen Sie sich die Arbeitsformen aus, mit denen Sie sich wirklich wohlfühlen.
Genau dazu möchte ich Sie auf den folgenden Seiten ermutigen, Ihnen Anregungen geben und Lust machen, etwas Neues zu wagen.

Merkmale der Individualisierung

Im Laufe seiner Schulzeit soll ein Schüler in den Schlüsselqualifikationen „Sachkompetenz", „Methodenkompetenz", „Selbstkompetenz" sowie „Sozialkompetenz" auf seiner jeweiligen individuellen Stufe immer weiter gestärkt werden.

Um dies zu erreichen, rückt der einzelne Schüler mit seinen Stärken und Schwächen mehr und mehr in den Mittelpunkt. Es entsteht eine neue Lern- und Lehrkultur: Der Unterricht verändert sich.

Die Individualisierung ist in geöffneten Arbeitsformen in besonderem Maße umsetzbar, da hierbei einige Grundsätze besonders beachtet werden.

▶ **Kindorientierung:** Der Unterricht öffnet sich für die Erfahrungswelt des Kindes und seine Lebensumstände. Kinder können Aufgaben nach Interessen wählen und ihre Stärken gezielt einsetzen.

▶ **Differenzierung:** Jedes Kind hat die Möglichkeit, auf Basis seiner individuellen Bedürfnisse und Voraussetzungen zu lernen. Dabei verfolgen

zwar alle Kinder die gleichen Grob-
ziele, jedoch jedes auf seinem Niveau.
Kinder können auf ihren „Spezial-
gebieten" zu Experten werden. Gleichzeitig können sie an Punkten, wo
noch Reserven zu erkennen sind,
stärker gefördert werden.

▶ **Offene Aufgaben** ermöglichen verschiedene Herangehensweisen und Lösungswege. Verschiedenheiten und Leistungs-
unterschiede bei Schülern sind wichtig
und werden produktiv genutzt.

▶ **Entdeckendes Lernen:** Da nicht nur
Aufgaben aus Büchern gewählt werden (vgl. S. 57 ff.), sondern möglichst
viele authentische Materialien und
Lernorte zum Einsatz kommen, rückt
das problemlösende und handlungs-
orientierte Lernen stärker in den
Mittelpunkt. Das Lernen mit vielen
Sinnen wird einbezogen. Lernergebnis
und Lernzuwachs werden nachhaltig
gesichert.

▶ **Selbstorganisation und Eigenverantwortung:** Durch den Einsatz offener,
problemorientierter Aufgaben und

variierender Lern- und Sozialformen wird ein hohes Maß an Eigenverantwortung erzeugt. Mitschüler werden zu Helfern. Soziale Kompetenzen werden besonders gestärkt. Der Lehrer wird vom Dozierenden zum Beobachter, Begleiter und Berater.

KAPITEL ■1 | AUF EINEN BLICK

- ◧ Ausgehend von konstruktivistischen Lerntheorien rücken die Bedürfnisse und Voraussetzungen der Schüler in den Mittepunkt.

- ◧ Im geöffneten Unterricht ist individuelles Lernen möglich.

- ◧ Schüler brauchen Sachkompetenz (thematisches Wissen), Methodenkompetenz, Selbstkompetenz und Sozialkompetenz.

- ◧ Wichtige Merkmale eines geöffneten, individuellen Unterrichts sind: Kindorientierung, Differenzierung, entdeckendes Lernen, Selbstorganisation und Eigenverantwortung.

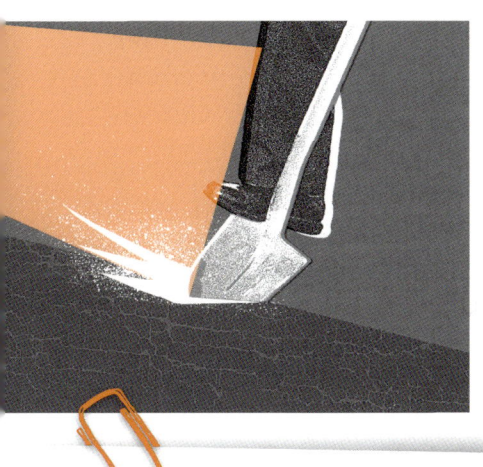

☑ Wie ändert sich meine Rolle
als Lehrer?

☑ Wie reagieren die Eltern auf eine
Veränderung des Unterrichts?

☑ Was ist für die Sitzordnung und die
Raumaufteilung zu beachten?

☑ Die Qual der Wahl - Welche Arbeits-
materialien benötige ich, und wie
müssen diese aufbereitet sein?

☑ Wie müssen Ziele und Aufgaben
der Wochenplanarbeit aussehen?

☑ Gibt es heute Hausaufgaben? –
Eine herausfordernde Aufgabe!

Die veränderte Rolle der Lehrkraft

Durch die starke Selbstorganisation und Eigenverantwortung der Schüler kommt Ihnen als Lehrer eine neue Rolle zu. Sie werden vom Dozierenden oder Lehrenden zum Motivator, Berater und Beobachter.

Ihre Hauptaufgaben sind:

▶ **Anregung und Motivation**
Dies erfolgt durch die Auswahl und Bereitstellung verschiedener Materialien (vgl. S. 30 ff.), dem Schaffen von Spannung und Herausforderungen sowie durch positive und aufmunternde Rückmeldungen und Bestätigungen, aber auch präzise Fragestellungen.

▶ **Begleitung**
Sie reflektieren gemeinsam mit den Kindern die Lernschritte. Sie helfen bei der Auswahl der Aufgaben und der Materialien. Besonders zum Beginn der Arbeit mit dem Wochenplan sowie bei Schülern, die Schwierigkeiten bei der Selbstorganisation haben, ist eine intensive Begleitung mit positiver

Rückmeldung und kleinschrittigen Bestätigungen wichtig. Häufig benötigen auch die Eltern, denen Wochenplanarbeit oft fremd ist, eine Begleitung. Die Rückmeldung kann verbal, schriftlich als Kommentar auf einem Arbeitsergebnis oder auch auf dem Wochenplanübersichtsblatt erfolgen.

› Beobachtung
Durch die erhöhte Selbstständigkeit der Schüler haben Sie Zeit, sich zurückzunehmen und verschiedene Lernprozesse der Schüler zu beobachten. Dazu gehören insbesondere:
- der Arbeitsbeginn,
- die Auswahl der Aufgaben,
- der Umgang mit Materialien,
- die Interaktion mit Mitschülern,
- die Erfassung von Arbeitsaufträgen
- sowie die Reflexion der Aufgaben.

Die Beobachtungen bilden zusammen mit Lernstandserhebungen und Kontrollen die Grundlage für die individuelle Förderung. Deshalb sollten Sie sich hierzu viel Zeit nehmen.
Setzen Sie sich immer wieder zu einzelnen Schülern oder kleinen Gruppen und

fordern Sie diese zum lauten Denken oder Diskutieren heraus.

- **Herausfordernde Fragen geben Ihnen viel über die Denk- und Arbeitsweisen der Schüler preis und regen diese gleichzeitig zum Weiterdenken an.**

Voraussetzung dafür ist, dass zu Beginn der Arbeit die Regeln (vgl. S. 53 ff.) klar definiert und anschließend trainiert wurden.

Nur wenn die Schüler gelernt haben, wirklich eigenständig zu arbeiten und Mitschüler als Ratgeber anzunehmen, haben Sie die Möglichkeit, sich nahezu ungestört um Einzelne zu kümmern und intensiv mit ihnen zu arbeiten.

Bestätigung durch Lob und Wertschätzung sowie durch Präsentation von Arbeitsergebnissen in der Lerngruppe geben Selbstvertrauen und regen die Schüler zu höheren Leistungen an.

Auch kleine Fortschritte, sowohl inhaltlich als auch im Arbeitsverhalten, sollten gewürdigt werden.

Klassifizieren Sie nicht gleich nach „Richtig" und „Falsch", sondern geben Sie präzise Hinweise.

Beziehen Sie andere Schüler und deren Lösungsstrategien und Ideen mit ein.

Lassen Sie Gespräche über die Aufgaben untereinander zu, und halten Sie sich wirklich zurück.

■ **Schüler können Hinweise von Mitschülern viel besser annehmen und verinnerlichen als die Korrektur durch Sie als Lehrer.**

In meiner jahrgangsgemischten Klasse 1/2 schrieb ein Schulanfänger in den ersten Wochen das Wort „BAL" in sein Heft. Mein Herz hüpfte vor Freude, dass er alle hörbaren Buchstaben zu Papier gebracht hatte. In diesem Moment kam zufällig ein Mitschüler am Tisch vorbei und schaute auf das Heft. Im Vorbeigehen sagte er: „Ball wird aber mit zwei L geschrieben." Ein Hinweis, den ich zu dem Zeitpunkt nie gegeben hätte.
Der Schulanfänger ergänzte wie selbstverständlich das zweite L und bearbeitete seine Aufgabe weiter.

Auch wenn die Definition von Helfen unter Schülern zu Anfang eine andere ist als Ihre, sollten Sie nicht in Panik geraten, sondern die Schüler behutsam immer wieder darauf hinweisen, dass Vorsagen keine Hilfe ist. Erklären und produktives Helfen ohne Vorsagen müssen erst erlernt werden.

Da Schüler viel durch Beobachten und Nachahmung lernen, hat aber auch das Vorsagen eines Mitschülers einen Lerneffekt.

■ **Beobachten und beraten Sie aus dem Hintergrund, und greifen Sie nicht zu massiv ein.**

Dies stellt gerade zu Beginn für viele Lehrkräfte eine Herausforderung dar, da sie häufig dazu neigen, schnell Ratschläge oder Lösungsansätze zu geben. Sie werden jedoch positiv überrascht sein, welche Fortschritte Ihre Schüler in vielen Bereichen erlangen, wenn ihnen die Verantwortung überlassen wird.

Häufig empfinde ich dann sogar den Vormittag mit der Wochenplanarbeit als den ruhigsten und entspanntesten Teil meiner Arbeit, weil meine Hauptaufgabe lediglich in der Beratung und Beobachtung liegt. Die Arbeit, die Sie sich nachmittags oder abends mit der Vorbereitung der Wochenplanarbeit machen, zahlt sich doppelt bei den ruhigen und angenehmen Vormittagen aus.

Die Zusammenarbeit mit den Eltern

Elternarbeit ist aus zwei Gründen besonders wichtig: Erstens haben die meisten Eltern einen völlig anderen Unterricht erlebt und können sich den Ablauf bei geöffnetem Arbeiten selber gar nicht vorstellen. Zweitens sind gerade jüngere Schüler noch nicht in der Lage, ihren Eltern die Komplexität der Wochenplanarbeit zu erklären.

Da gerade zum Schulanfang das Elterninteresse am stärksten ist, sollten Sie ihnen den Ablauf und das System sowie die Gründe für das geöffnete Arbeiten nahebringen.

Wenn bereits in der Schulanfangszeit eine positive Einstellung zum geöffneten Arbeiten gelegt wurde, können die Kollegen darauf aufbauen.

Aus diesem Grund sollten Sie auf dem ersten Elternabend den Schwerpunkt auf die Vorstellung der Wochenplanarbeit legen und genügend Zeit für deren Vorstellung und anschließende Fragen einplanen.

Eine Vorstellung sollte folgende Punkte berücksichtigen:

- Ziele des geöffneten Unterrichts (vgl. Kap. 1),
- methodische Hinweise, wie durch das Vorgehen bei den Kindern Lernerfolge und Grundlagen gesichert werden,
- die veränderte Rolle der Lehrkraft,
- die vereinbarten Klassen- und Wochenplanregeln,
- die verwendeten Materialien,
- die vorhandenen Möglichkeiten, die den Schülern, Eltern und Lehrern eine Übersicht über die Aufgaben sowie den Lernstand ermöglichen,
- die Konsequenzen bei Nichterreichen des Wochenplanpensums.

Es bietet sich für die Elternpräsentation an, zur Untermalung Bilder oder einen kurzen Film mit Einblicken in den veränderten Unterricht zu geben.

Auch ein im Klassenraum ausgehängtes Plakat mit Fotos kann darüber Auskunft geben. Lehrkräfte, die bereits mit der Wochenplanarbeit vertraut sind, können außerdem einen „Elternwochenplan" ausarbeiten, den die Eltern in der ersten halben Stunde des ersten Elternabends bearbeiten müssen. Auf diese Weise erfahren sie am eigenen

Leib, welche Anforderungen die Wochenplanarbeit an ihr Kind stellt und wo ihre Unterstützung gefordert ist. Gleichzeitig kommen die Eltern so untereinander ins Gespräch und lernen sich besser kennen.

■ **Eine gute Möglichkeit, Eltern die Wochenplanarbeit näherzubringen, ist, diese hospitieren zu lassen.**

Machen Sie jedoch nur dann davon Gebrauch, wenn Sie sich wirklich sicher fühlen und auch die Klasse mit der Arbeitsform vertraut ist.

Eine Hospitation kann natürlich immer kritische Fragen sowie eine negative Einstellung herbeiführen. Ich habe in meiner Klasse mit Hospitationen sehr positive Erfahrungen gemacht, weil die Schüler selbstständig und konzentriert arbeiteten, während ich den Zuschauern die Einzelheiten unseres Wochenplanes erklären konnte. So gelingt ein wirklich guter Einblick.

Betonen Sie immer wieder, dass Fehler Schritte auf dem Lernweg sind. Dies gilt sowohl für Schüler als natürlich auch für Sie als Lehrer.

Scheuen Sie sich nicht, Eltern zu erklären, dass Sie eine Methode oder einen Arbeits-

vorgang verändert haben, weil er nicht zum gewünschten Ziel geführt oder sich als zu aufwändig erwiesen hat.

Schule sollte ein dynamisches Gebilde sein, das sich stetig verändert und sich den vorliegenden Bedingungen und Bedürfnissen anpasst.

Wer neue Schritte wagt, dem sollte immer zugestanden werden, wieder ein Stück zurückzugehen, um dann auf einem veränderten Weg weiter nach vorn zu gelangen.

Einrichtung des Klassenzimmers

Heute findet man gerade in Grundschulen kaum noch Klassen, in denen die Tische einzeln voneinander getrennt in geradlinigen Reihen stehen.

Meist werden Gruppentische gebildet, oder die Schüler sitzen in einer U-Form, manchmal durch Mitteltische ergänzt. Häufig, so auch in meiner Klasse, wird die Anordnung der Tische einfach durch das vorgegebene Platzangebot bestimmt.

In Bezug auf die Sitzordnung sollten Sie Ihre eigene Variante finden. Ich möchte Ihnen aber einige Tipps und Kriterien aufzeigen, die Ihnen bei der Entscheidung helfen und Ihre Wahl bestätigen können.

■ **Jeder Schüler sollte einen festen Platz haben.**

Auch Sie würden sich wahrscheinlich nicht wohlfühlen, wenn Sie jeden Tag an einem anderen Schreibtisch arbeiten müssten.

Das bedeutet nicht, dass Schüler immer an ihrem Platz bleiben müssen. Der feste Sitzplatz ist die Basis, zu der ein Schüler immer wieder zurückkehrt. Natürlich dürfen die Sitzpositionen für Stationenlernen, Gruppenarbeiten etc. vorübergehend variiert werden.

■ **Der Arbeitsplatz ist die Werkstatt einer Aufgabe. Die Qualität der Arbeit hängt sehr stark von der Werkstatt ab, in der sie ausgeführt wird.**

Bedenken Sie, um welche Aufgaben es sich handelt, und wählen Sie danach die Gestaltung des Arbeitsplatzes aus:

▶ **Für Einzelaufgaben sollten ruhige Plätze, an denen die Schüler nicht abgelenkt werden, zur Verfügung stehen.**

In vielen Montessori-Einrichtungen stehen die Regale in der Mitte des Raumes, während die Tische den Wänden zugewandt sind. Zuerst erscheint die Vorstellung fremd, dass ein Kind gegen die ca. 80 cm entfernte Wand schaut. Bedenkt man die Stellung des privaten Schreibtisches, werden viele zum ungestörten Arbeiten zur Wand bzw. zum Fenster hinaus blicken. Besonders Schüler, die leicht ablenkbar sind, wählen in meiner Klasse freiwillig einen Tisch, an dem sie zur Wand schauen.

Zu Partner- oder Gruppenarbeiten sollten die Tische so zusammengestellt werden, dass sie genügend Platz zum Arbeiten bieten.
Bei platzaufwändigen Arbeiten und Lernspielen bietet es sich an, den Fußboden zu nutzen. Ich habe in meinem Raum mehrere kleine Teppiche (ca. 150 x 80 cm) zusammengerollt in einer Ecke stehen, die sich die Schüler nehmen können. Die Teppiche bieten zusätzlich den Vorteil, dass sie bei engem Raumangebot auch für den Flur genutzt werden können.

Nicht nur die Schüler benötigen einen gut eingerichteten Arbeitsplatz. Auch Sie als Lehrer haben natürlich einen Tisch, an dem Sie arbeiten und der einen nicht zu verachtenden Teil des Raumes einnimmt.

Da Sie wahrscheinlich während der Interaktion mit den Kindern im Unterricht nahezu nie am Schreibtisch sitzen, sollten Sie diesen ebenfalls zur Wand oder zum Fenster ausrichten.

Dadurch sparen Sie, im Gegensatz zur frontalen Tischstellung, viel Platz, den die Schüler anderweitig nutzen können.

Um den Schülern für ihre Aufgaben Rückzugsmöglichkeiten und Anregungen zu einzelnen Lerngebieten zu geben, sollte der gesamte Raum klar strukturiert und in variable Bereiche aufgeteilt sein.

Nachfolgend einige Anregungen zu thematisch gestalteten Bereichen oder Themenecken. Die ersten vier beschriebenen Bereiche habe ich dauerhaft in meinem Raum für die Schulanfangsphase eingerichtet. Mit den anderen arbeite ich je nach Themengebiet temporär.

Zusätzlich sollte immer ein Raumteil so frei sein, dass mit wenigen Handgriffen ein

Stuhlkreis für Diskussionen, Morgenkreise oder Plenum gestellt werden kann.

▸ Lese- und Schreibecke

Ein Regal mit Büchern, CD-Player, Materialien für Schreibanlässe (Briefpapier, Fotos, Postkarten, Bilder, usw.) Stempeln und Schablonen. Daneben ist ein Arbeitsplatz mit Blick zur Wand. Außerdem steht dort ein kleines Zelt (ca. 2 m²), in das sich die Schüler zum Lesen zurückziehen können.

▸ Computerecke

Wir haben zurzeit nur einen Computer im Raum, an dem die Schüler allein oder zu zweit selbstständig arbeiten können. Der Computer sollte unbedingt mit Kopfhörern ausgestattet sein, damit andere Lernende nicht von den Geräuschen abgelenkt werden. Es sollten grundlegende Lernspiele installiert werden, jedoch ist es für die Übersichtlichkeit von Vorteil, wenn die Auswahl begrenzt ist.

Wichtig ist, dass Ihnen die Inhalte der Lernspiele vertraut sind. Die Struktur des Ordnerbaumes sollte für die Schüler durchschaubar sein. Optimal sind natürlich der Anschluss an das Internet und ein Drucker.

▶ Bau- und Spielecke

Die Bau- und Spielecke ist der einzige Teil des Raumes, der mit Teppich ausgelegt ist. Neben verschiedenen Bausteinen wird die Ecke von einem in den Raum ragenden Regal begrenzt, in dem Lern- und Gesellschaftsspiele sowie andere Materialien (eine Kasse, Waage, Handpuppen usw.) gelagert sind.

▶ Präsentationstisch

Das kann ein Raumteil oder Tisch sein, der zum jeweiligen Unterrichtsthema gestaltet wird: Zum Thema Bäume könnten dort z.B. von den Schülern mitgebrachte Bücher, verschiedene Borken und Blätter, Fotos, Früchte der Bäume usw. ausgestellt werden. Die Ausstellung wird gemeinsam von Schülern und Lehrern gestaltet und soll zur intensiveren und individuellen Beschäftigung mit dem Thema einladen.

▶ Experimentierecke

In einer Experimentierecke können Versuche aufgebaut werden, die über die gesamte Wochenplanzeit nutzbar sind, da der Zeitpunkt der Bearbeitung frei gewählt werden kann. Außerdem können hier Materialien oder Werkzeuge (z.B. Mikroskop, Lupen, Spiegel) zur Durchführung eigener kleiner Experimente aufbewahrt werden. Auch Experimentierbücher gehören in eine Experimentierecke. Ebenfalls denkbar in einer Themenecke ist ein Aquarium oder Terrarium mit temporär gehaltenen Tieren oder Pflanzen (z.B. Schnecken, Raupen, Bohnenkeimlingen usw.).

Auch wenn es selbstverständlich klingt, ist immer wieder darauf hinzuweisen:

■ **Themenbereiche sind nur sinnvoll, wenn sie regelmäßig genutzt werden.**

Oft sind zwar Themenecken oder auch Materialien zum individuellen Arbeiten vorhanden, der Unterrichtsablauf lässt jedoch gar keine Zeit und keinen Raum für Schüler zu, sich damit zu beschäftigen. Hierfür eignet sich die Zeit des Wochenplans hervorragend. Der optimale Raum zur

Wochenplanarbeit wäre ein Klassenraum, an den ein Teilungsraum mit Falttür zum weiten Öffnen angeschlossen ist.

In diesem Falle könnten im Teilungsraum an den Wänden Tische mit Einzelplätzen und in den Ecken ruhige Themenbereiche (z.B. Lese- und Schreibecke, Computerplätze) stehen.

Die Raummitte könnte für ein Plenum oder einen Stuhlkreis genutzt werden.
Der Klassenraum beherbergt dann Bereiche, die etwas mehr Geräusche produzieren (z.B. Bau- und Experimentierecke).

An einer Wand sind die Wochenplanaufgaben ausgelegt. Im hinteren Bereich stehen Gruppentische, im vorderen Bereich vor der Tafel (oder dem interaktiven Whiteboard?) ist Platz, um mit einer Lerngruppe an einem Thema frontal zu arbeiten.

Leider müssen jedoch gerade im Bereich der Raumgestaltung auf Grund der vorgegebenen Bedingungen Kompromisse gefunden werden.
Gute räumliche Voraussetzungen sind allerdings wichtige Grundlagen für die Qualität des geöffneten Arbeitens.

Materialien

In einem zentral gesteuerten, weitgehend gleichschrittigen Unterricht ist es eine der Hauptaufgaben des Lehrers, mit den Schülern die Aufgabenstellungen zu erarbeiten, damit sie diese anschließend mit den benötigten Materialien bearbeiten können.

In geöffneten Unterrichtsformen sollte diese Aufgabe in weiten Teilen durch das Material selber übernommen werden. Lange Erklärungsphasen jeder einzelnen Aufgabe fallen weg.

■ **Die Materialien müssen so genannten „Aufforderungscharakter" besitzen.**

Je offener die Unterrichtsform ist, je mehr Selbstständigkeit von den Schülern erwartet wird, desto strukturierter muss das Material sein, und umso klarer müssen die Umgangsformen damit sein.

Gleichzeitig müssen die Materialien ein hohes Maß an Differenzierungsmöglichkeiten bieten sowie fachwissenschaftlichen und fachdidaktischen Grundsätzen entsprechen.

Dies gilt sowohl für die Auswahl der Schulbücher, für Lernspiele, die Klassenbibliothek und ergänzende Materialien.

Anordnung der Materialien

Wie bereits im vorherigen Kapitel bezüglich der gesamten Raumgestaltung beschrieben, ist auch für die Materialien eine klarstrukturierte Anordnung unerlässlich. Dabei sollten Sie folgende Grundsätze beachten:

➡ **Alle für die Schüler relevanten Materialien müssen für diese selbstständig erreichbar, handhabbar und auch wieder aufräumbar sein.** Dies bedeutet, dass Materialien nicht höher als in Augenhöhe der Schüler gelagert sein dürfen. Gerade in den unteren Klassen schränkt die Körpergröße das Platzangebot oft sehr ein. Es sollten nicht zu viele Materialien über- oder hintereinander aufbewahrt werden. Regale dürfen nicht zu voll sein, da die Schüler sonst nicht in der Lage sind, die Materialien wieder an ihren vorgesehenen Platz zu stellen. Ferner werden Schüler kaum „versteckte" Materialien von unten herausziehen. Um gerade jüngeren Schülern das Aufräumen zu erleichtern, ist eine Kennzeichnung der Materialien, z.B. durch farbige Klebepunkte oder eine Grundrisszeichnung, hilfreich. In meinem Klassenraum habe ich an jedem Schrank und Regal ein Foto des jeweiligen Themengebietes angeklebt. So können selbst Schulanfänger sehr leicht vergleichen, welche Dinge in welchem Regalfach liegen.

▶ **Der Platz des Materials muss auf Grund der Struktur erkennbar sein.**
Die Schränke und Regale sollten übersichtlich in verschiedene Fachbereiche unterteilt sein. So klebt z.B. an meinem Matheschrank das gleiche Tier, das auch durch das Lehrwerk in Mathematik führt. Am Sachunterrichtsregal hängt das gleiche Symbol, das auch im Wochenplan vorkommt. Die Bücher in der Bücherecke sind mit farbigen Klebern ähnlich wie in der Bücherei nach Themengebieten geordnet.

Auswahl der Materialien

■ **Qualität geht vor Quantität.**

Mit der Zahl der Dienstjahre sammeln sich auch immer mehr Materialien an.

Es ist jedoch sinnvoller, mit einigen, ausge-
wählten Materialien zu arbeiten, als alles
zu behalten.

„Irgendwann benutze ich das bestimmt
mal ..." Das stimmt meistens nicht.
Gerade bezüglich der Auswahl von Lernspielen, aber auch von Arbeitsblättern ist eine
Reduktion unerlässlich. Stellen Sie sicher,
dass Sie selbst den Überblick behalten.
Wenn Sie nicht mehr wissen, welche Dinge Sie
in Ihrem Fundus haben oder wie bestimmte
Materialien oder Spiele funktionieren, können die Schüler dies erst recht nicht wissen.
Entscheiden Sie sich bei ähnlich aufgebauten
Lernspielen für ein Hauptsystem.
(z.B. Paletti® oder Logico® oder LÜK®)

Um Auswahl oder Reduktion zu erleichtern,
sollten Sie die Materialien auf nachfolgende
Kriterien überprüfen:

▶ Zielorientierung

Was möchten Sie mit Hilfe des Materials erreichen? Viele Dinge sind zwar
schön und wirken auf den ersten Blick
ansprechend ...
Prüfen Sie aber genau, ob das Material
tatsächlich hilft, das Lernziel zu
erreichen.

▶ Grundständigkeit, Universalität und Vielseitigkeit

z.B. Spiegel, Lupen, Wendeplättchen, Steckwürfel, Lesebücher für die jeweilige Altersstufe, Wörterbücher

Einige Dinge werden in weiten Teilen der Schullaufbahn immer wieder benötigt, oder es wird darauf aufgebaut (Einerwürfel werden zu Zehnerstangen, Zehnerstangen zu Hunderterfeldern, Hunderterfelder zu Tausenderwürfeln).
Stellen Sie sicher, dass diese Dinge durchgehend und möglichst klassenübergreifend vorhanden sind, damit der Umgang mit ihnen selbstverständlich wird und auf abstrakte Ebenen gelangen kann.
Beschränken Sie sich auf Bücher, die wirklich für die Schüler auf ihrem Niveau lesbar sind.

▶ Differenzierbarkeit

Schüler sollten auf verschiedenen Leistungsniveaus mit dem Material arbeiten können (Selbstdifferenzierung). Dies stellt gerade für das Medium Schulbuch eine besondere Herausforderung dar, da die Schüler nicht unbedingt zur selben Zeit die gleiche Seite bearbeiten.

Inhalte und Aufgabenstellungen müssen selbsterklärend und so übersichtlich sein, dass sie von den Schülern, mit dem Ziel eines Lernzuwachses, selbstständig bearbeitet werden können.

Ich sehe darin eine sehr große Herausforderung, und sogar die Grenzen des Schulbuches.

Lernzielbegründung

Besonders bei jüngeren Schülern habe ich beobachtet, dass sie die Buchseiten, meist sogar korrekt, abarbeiten, ohne sich aber dem jeweiligen Lernziel bewusst zu werden.

Die Schüler sollten aber nicht nur wissen, <u>was</u>, sondern auch, <u>warum</u> sie aktuell diesen Inhalt lernen sollen.

> In einer Unterrichtseinheit „Nomen" schrieben meine Schüler die Begriffe richtig auf, unterstrichen sogar den großen Anfangsbuchstaben, brachten dies aber anschließend

nicht mit dem nächsten selbstverfassten Text und den darin vorkommenden Nomen in Verbindung.

- *Auf einer Fibelseite zum „X" schrieben einige Schüler zum vorgegebenen Bild „Meerjungfrau" statt „Nixe" oder „Rührgerät" statt „Mixer".*

Lernziele müssen kindgerecht begründet werden und für diese verständlich gemacht werden, damit das Arbeiten nicht in blindem Aktionismus ausartet.

▶ Arbeitsblätter statt Schulbuch?

Besonders in der flexiblen Schulanfangsphase können Lehrwerke einschränkend sein, wenn ein Schüler den Anfangsstoff überspringt, jedoch zu Beginn des Jahres das Anfangslehrwerk gekauft wurde.

Dazu kommt häufig die Erwartung der Eltern, dass im teuer gekauften Buch alle Seiten bearbeitet werden müssen. Ich bevorzuge aus diesem Grund Kopiervorlagen statt Schulbücher, weil diese flexibler und besser differenzierbar sind.

Allerdings entsteht dadurch, besonders in den ersten Berufsjahren, ein leicht erhöhter Vorbereitungsaufwand, da die passenden Arbeitsblätter natürlich aufwändiger zusammenzustellen und zu prüfen sind.
Auch kann das Kopierkontingent recht schnell ausgeschöpft sein.
Ein Schulbuch kann, gerade in den ersten Berufsjahren, eine Orientierungshilfe darstellen, da sich die Themen an den Rahmenrichtlinien orientieren.

Achten Sie darauf, dass die Bücher für geöffnete Arbeitsformen geeignet sind.
Wählen Sie Materialien, die verschiedene Sinne und unterschiedliche Lernkanäle ansprechen.

➜ Robustheit

Verwenden Sie haltbare, wiederverwendbare Materialien.
Wir leben in einer Wegwerfgesellschaft, in der selbst Spielzeuge der Kinder keine lange Lebensdauer mehr haben und schnell durch neue ersetzt werden. Viele Kinder lernen deshalb

zu Hause nicht mehr den pfleglichen Umgang mit Materialien. Dieser Umgang muss erst trainiert werden. Achten Sie darauf, dass Lernspiele, für die Sie sich entscheiden, möglichst wenige Teile haben, die verloren gehen oder abbrechen können.

▶ **Haben Sie auch bei der Materialauswahl die Zielorientierung im Blick.** Sieht das Material nur schön aus und ist aus einem ansprechenden Stoff? Oder hält es auch lange „in Kinderhand"? Gehen keine Teile verloren? Achten Sie auf das Preis-Leistungs-Verhältnis!

Viele Materialien lassen sich einfach selber herstellen oder laminieren und dadurch wiederverwendbar machen. Materialien selbst herzustellen, kostet zwar Zeit, Sie können jedoch gemeinsame Bastelnachmittage mit Eltern organisieren. Auf diese Weise bekommen die Eltern gleich einen Einblick von Ihren Arbeitsweisen und lernen nebenbei zu schätzen, welche Aufgaben Lehrer neben dem Unterrichten noch leisten.

◧ Selbstkontrolle

Aufgabenblätter und Lernspiele sollten sowohl für Schüler als auch für
Sie gut zu kontrollieren sein.
Viele Lernspiele verfügen über ein
Kontrollsystem. Die Schüler sollten
nicht offensichtlich schummeln
können.
Auch bei Kopiervorlagen gibt es häufig
eine Selbstkontrolle, indem z.B. ein
Lösungswort entsteht oder ein separa-
tes Kontrollblatt vorhanden ist. Solche
Materialien erleichtern die Korrekturarbeit um ein Vielfaches.

◧ Der Computer ist in die Wochenplan-arbeit gut integrierbar.

In meiner Schulanfangsphase nutze
ich häufig die mittlerweile bei vielen
Lehrbüchern mitgelieferten Lern-CDs
und pädagogischen Spiele. Es ist sinnvoll, eine Uhr mit Countdown neben
dem Computer aufzustellen, um die
Spielzeit zu begrenzen.

Denken Sie daran, besonders, wenn es sich
um Ihr Privateigentum handelt, alle Materialien mit Ihrem Namen und vielleicht

sogar der E-Mail-Adresse zu beschriften. Leider sind nicht alle so zuverlässig, dass verliehene Dinge wieder den Weg zu ihrem Eigentümer finden.

Räumen Sie von Zeit zu Zeit den Klassenraum mit den Schülern grundlegend auf, und sichten Sie alle Materialien.

Dadurch werden Schüler animiert, sich wieder einmal mit fast vergessenen Dingen zu beschäftigen, und Sie bekommen einen aktuellen Überblick über vorhandene und fehlende Dinge.

Einführung und Umgang mit Materialien

Erliegen Sie nicht der Illusion, dass sich die breite Mehrheit der Schüler selbstständig mit unbekannten Materialien auseinandersetzt. Selbst bei Materialien mit offensichtlichem Arbeitsauftrag höre ich immer wieder die Frage: „Was soll ich denn hiermit machen?" Materialien müssen strukturiert eingeführt werden. Dies kann auf unterschiedliche Weise erfolgen:

◗ Gemeinsam

Sie führen im Morgenkreis oder Plenum frontal ein Medium ein. Diese Vorgehensweise eignet sich besonders am Schuljahresanfang für die Einführung eines neuen Lehrwerkes. Besprechen Sie, mit welchen Symbolen das Lehrwerk arbeitet und wie die Schüler damit arbeiten sollen. (Werden alle Seiten eigenständig bearbeitet werden, oder gehen Sie in Teilbereichen gleichschrittig vor?) Besprechen Sie wiederkehrende Aufgabenformate (wie „Spure nach.", „Ordne zu.", „Kreuze an.", „Lies.", „Verbinde." usw), und üben Sie diese bis zur Verinnerlichung. Erst, wenn die Symbole und Techniken geläufig sind, sollten die Schüler die Erlaubnis bekommen, eigenständig weiterzuarbeiten.

◗ In Kleingruppen/einzeln

Sie spielen mit einer Lerngruppe oder einzelnen Schülern (z.B. solchen, die bereits mit dem Wochenplan fertig sind) als Belohnung ein neues Lernspiel (oder erklären ein Aufgabenformat).

Diese Gruppe kann später als Multiplikator für die anderen Schüler dienen.

Die Motivation für weitere Schüler, die Wochenplanaufgaben fertig zu stellen und das Spiel von den anderen erklärt zu bekommen, ist sehr hoch.

Das Prinzip lässt sich besonders gut in jahrgangsübergreifenden Gruppen anwenden. Schüler, die schon länger in der Klasse sind, erklären den Neuen Spiele oder Aufgaben.

Achten Sie jedoch bei dieser Vorgehensweise auf die Erklärungen der Schüler. Von Zeit zu Zeit kann es vorkommen, dass sich Fehler in der Durchführung einschleichen, die Auswirkungen auf das Ergebnis haben.

Abschließende Grundsätze für Materialien:

Nutzen Sie vorhandene Materialien! Geben Sie den Schülern die Zeit und den Freiraum, handelnd zu lernen!

Eigenaktivität der Schüler benötigt mehr Zeit als ein frontaler Lehrervortrag. Seien Sie also geduldig mit den Kindern.

Denken Sie beim Einsatz der Materialien immer an die Zielorientierung!

Hausaufgaben

Hausaufgaben stellen in der Wochenplanarbeit eine besondere Herausforderung dar. Im herkömmlichen Unterricht besteht am Ende der Stunde die Möglichkeit, nicht geschaffte Aufgaben als Hausaufgabe zu geben oder einen erarbeiteten Bereich durch eine Hausaufgabe zu vertiefen.

Durch das individualisierte Arbeiten beschäftigen sich die Schüler allerdings mit unterschiedlichen Themen und sind in den Schulbüchern verschieden weit fortgeschritten.

Das Stellen einer Hausaufgabe wird also schwieriger. Auch der Zeitpunkt des Stellens der Hausaufgaben muss mit eingeplant werden. Während sich im Frontalunterricht aus der Unterrichtssituation ergibt, dass am Ende die Hausaufgabe gestellt und gemeinsam die Aufgabe besprochen wird, muss im individualisierten Unterricht erst ein Freiraum für das Stellen der Hausaufgabe geschaffen werden.

Gerade in den unteren Klassen benötigt dies sehr viel Zeit.

Ich begegne der Schwierigkeit häufig damit, dass ich den Wochenplan so konzipiere, dass eine oder zwei Aufgaben als Hausaufgabe bearbeitet werden können.

In höheren Klassen bieten sich außerdem individuelle Projektarbeiten als Hausaufgaben an. Sie können auch der gesamten Gruppe einheitliche Aufgaben, z.B. aus Zusatzmaterialien der Schulbücher, aufgeben. Dadurch stellen Sie sicher, dass konkrete Inhalte geübt werden.

Auch Aufgaben aus Schulbüchern, die sehr individuell bearbeitet werden und in denen die Schüler unterschiedlich schnell vorangehen, können für Hausaufgaben genutzt werden.

Ich gebe zusätzlich eine wöchentliche Lesehausaufgabe auf. Während ich in der Unterrichtszeit verstärkt auf das sinnerfassende Lesen Wert lege, dient die Lesehausaufgabe in erster Linie dem schönen, betonten, lauten Vorlesen. Dazu suchen sich die Schüler montags aus 5-fach differenzierten Lesetexten (meist Kopien) den für ihre Lesestufe passenden Text heraus.

Einige Schüler wählen lieber eigene Bücher, aus denen sie vorlesen wollen. Ich bestärke sie in ihrer Motivation.

Am Freitag lesen einzelne Kinder der Klasse ihre Texte vor. Im Anschluss schätzen die Klassenkameraden die Leseleistung ein, und ich gebe ein Feedback.

Auch die Kontrolle der Hausaufgabe gestaltet sich im Rahmen der Wochenplanarbeit schwieriger. Durch individualisierte Aufgaben muss eine Auswertung anders gestaltet werden.
Aufgaben mit Projektcharakter können vor der ganzen Klasse ausgewertet oder vorgestellt werden.

Aufgaben, die in den Schulbüchern oder in Form von Kopiervorlagen bearbeitet werden, werden in meiner Klasse von den Schülern ebenfalls in das Ablagesystem des Wochenplans gelegt und von mir korrigiert. Eine Rückmeldung erfolgt ebenfalls wie für die normale Wochenplanarbeit.

Besonders sorgfältig, fleißig oder kreativ erledigte Hausaufgaben werden außerdem vor der gesamten Klasse im Anschluss an die Wochenplanarbeit oder im Plenum gewürdigt.

- Der Lehrer wird vom Instruktor zum Organisator, Begleiter, Berater, Motivator.

- Eltern ist die Wochenplanarbeit meist fremd. Veranstalten Sie dazu einen Elternabend, und lassen Sie sie im Unterricht hospitieren.

- Schaffen Sie offene Lernarrangements, ausreichend Platz und Struktur für die Kinder.

- Ergiebige, sinnvolle Aufgaben sind in sich differenziert, bieten unterschiedliche Lernzugänge, sprechen viele Sinne an.

- Materialien müssen selbsterklärend, gut sortiert, strukturiert und motivierend sein und natürlich zum Erreichen der Lernziele beitragen.

- Die Etablierung der Wochenplanarbeit benötigt intensive Vorbereitung, eine gute Orientierung der Kinder und viel Zeit. Langfristig werden Sie als Lehrer dadurch entlastet.

- ☑ Bevor es losgeht
  – Welche Grundsätze muss
  ich beachten?

- ☑ Welche Aufgabentypen eignen
  sich für die Wochenplanarbeit?

- ☑ Auf die Darbietung kommt es an!
  – Wie erkennen die Schüler,
  was sie machen sollen?

- ☑ Jeder arbeitet individuell.
  Woher weiß ich, wer was macht?
  Wie erfolgt ein Austausch?

- ☑ Wie gehe ich mit nicht beendeten
  Aufgaben um?

Ziele der Wochenplanarbeit

Bei der Arbeit mit dem Wochenplan werden zwei grundsätzliche Ziele erreicht:

- Die Schüler eignen sich neue inhaltliche und methodische Kompetenzen an.

- Die Schüler festigen erworbene Kompetenzen durch produktives Üben.

Da Übungsphasen mehr Zeit als Einführungsphasen in Anspruch nehmen und sich Übungsphasen für das eigenverantwortliche Lernen gut eignen, sollte der Hauptteil der Aufgaben auf dem Sichern und Festigen erworbener Kompetenzen liegen.
Die Schüler trainieren quasi nach eigenem Trainingsplan die neu erworbenen Kompetenzen.
Dementsprechend können alle Stunden, die Sie für Übungsphasen genutzt hätten, zur Wochenplanarbeit eingesetzt werden.

Integration in den Tagesablauf

Ein Stundenplan (hier für eine 1./2. Klasse) könnte folglich so aussehen:

Vorschlag für einen Stundenplan (Jahrgangsgemischt Kl. 1/2)

Zeit	Montag	Dienstag	Mittwoch	Donnerstag	Freitag
1. Stunde	ritualisierter Wochenbeginn. Morgenkreis	Einführung Wochenplan/Teilung	Arbeit am Wochenplan/Teilung	Arbeit am Wochenplan/Teilung	Stunde der verlorenen Zeit
		Frühstückspause			
2. Stunde	Buchstabe der Woche. Buchstabentisch	Wochenplan/Teilung	Wochenplan/Teilung	Wochenplan/Teilung	Englisch
			Hofpause		
3. Stunde	Lesezeit selber lesen	Lesezeit selber lesen	Lesezeit selber lesen	Lesezeit selber lesen	geübte Texte vorlesen
	Buchstabe der Woche. Schreibstationen	Wochenplan/Teilung	Musik/Kunst	Plenum/Präsentationen	Wochenabschluss: Präsentation von Arbeitsergebnissen
4. Stunde	Sachunterricht	Sport	Musik/Kunst	Sport	Sport
			Hofpause		
5. Stunde		Teilungsstunde Deutsch/Mathe (Weiterführender Unterricht)		Religion/Ethik	

Auf Grund der Einführung der Buchstaben beginne ich immer erst dienstags mit dem Wochenplan. Dies hat außerdem die Vorteile, dass ich montags meine Planungen beenden, Kopien anfertigen und den Wochenplan in Ruhe aufbauen kann.

Außerdem haben Schüler, die den Wochenplan nicht geschafft haben, montagnachmittags zusätzliche Zeit, diesen zu beenden. Das beugt Konflikten mit Eltern vor, die der Meinung sind, dass es sich beim Beenden des Plans um Hausaufgaben handelt, die (bei uns) am Wochenende nicht aufgegeben werden dürfen.

Sind die Schüler mit dem Ablauf des Wochenplanes vertraut, können sie nach und nach selbstständiger daran arbeiten. Dies verschafft Ihnen Zeit, mit einer Lerngruppe neue Inhalte einzuführen oder Schüler zusätzlich zu fördern.

Hierbei ist eine räumliche Trennung von großem Vorteil, da die arbeitenden Schüler ansonsten durch die Gespräche gestört werden.

Optimal ist ein Teilungsraum mit Sichtkontakt. So haben Sie die arbeitenden Schüler im Blick, während Sie im vorderen Raum einer anderen Gruppe etwas erklären.

Eine ebenfalls hilfreiche Lösung ist der Einsatz eines zusätzlichen (Förder-)Lehrers oder Erziehers. Er kann die arbeitenden Schüler beaufsichtigen, Fragen beantworten oder Hinweise geben, während Sie mit einer Gruppe in den Teilungsraum gehen. Eine deutliche Kompromisslösung stellt das Arbeiten auf dem Flur oder in einem nahe gelegenen Teilungsraum dar.

Schüler, die in Ruhe arbeiten wollen, nehmen sich ihre Materialien mit und weichen in die anderen Räumlichkeiten aus.

Sie beaufsichtigen die Schüler durch die geöffneten Türen und durch gelegentliche Kontrollgänge. Bei dieser Variante müssen Sie sich in hohem Maße auf die Schüler und insbesondere das Einhalten von Regeln verlassen können.

Ebenfalls eine Kompromisslösung ist das Arbeiten aller Schüler im Klassenraum. Bei dieser Variante ist es je nach Raumgröße leider nahezu unmöglich, mit einer Lerngruppe im Unterrichtsgespräch Inhalte zu vertiefen oder zu erarbeiten, während die anderen arbeiten.

In diesem Fall schaffen Sie es höchstens, mit einem oder zwei Kindern gleichzeitig zu kommunizieren.

Leider sind Kompromisslösungen meistens die einzig durchführbaren, auf Grund der vorgegebenen Rahmenbedingungen.

Planen Sie unbedingt genügend Zeit für Auswertungen, Reflexionen und Präsentationen der Arbeitsergebnisse ein.

Ein häufiger Stolperstein beim geöffneten Arbeiten ist, dass die Schüler keinen Austausch untereinander pflegen. Dementsprechend verkümmern verbale Strategien. Außerdem wird vom Vorteil des individualisierten Arbeitens, nämlich die Stärken des anderen mitzunutzen, kein Gebrauch gemacht.

Vor einigen Jahren übernahm ich eine zweite Klasse, die geöffnetes Arbeiten gewöhnt war. Während einer Wiederholung sollten die Schüler Aufgaben mit den Rechenzeichen „größer als" und „kleiner als" einsetzen. Sie schafften es weitgehend. Doch als ich sie bat, die Aufgabe laut vorzulesen, konnte mir kein einziger Schüler die richtige Formulierung nennen.

■ **Also: Trainieren Sie gezielt verbale Kompetenzen: sich über Lösungswege austauschen, sich helfen, ohne vorzusagen, gemeinsames Reflektieren.**

Regeln

Wie so häufig, gilt auch für den Einsatz von Regeln der Grundsatz: „Weniger ist mehr!" Regeln müssen für die Schüler leicht zu merken und einhaltbar sein.

Ich komme in meiner Klasse mit „den sieben goldenen Regeln" aus. Vier davon regeln den allgemeinen Umgang miteinander:

1 | Ich arbeite leise.
2 | Ich melde mich, wenn ich etwas sagen möchte.
3 | Ich renne und tobe nicht im Schulgebäude.
4 | Ich streite mich mit niemandem.

Die anderen drei beziehen sich vorrangig auf die Wochenplanarbeit, sind aber ebenso für viele weitere (schulische) Bereiche relevant:

5 | Ich lese die Aufgabe gründlich und genau. Wenn ich eine Frage habe,

gehe ich zuerst zu einem Mitschüler. Nur, wenn er die Frage nicht beantworten kann, frage ich einen Lehrer.

6 | Ich lasse andere ausreden.

7 | Meine Arbeit ist erst beendet, wenn ich meinen Platz aufgeräumt und die Arbeitsmaterialien weggepackt habe.

Die ersten vier Regeln erarbeite ich am ersten Schultag und trainiere sie in den folgenden Schulwochen. Sie bilden die Grundlage für das schulische Arbeiten und für ein rücksichtsvolles, entspanntes Miteinander.

Meist gelingt es den Schülern schnell, diese Regeln weitgehend einzuhalten.

Dann führe ich nach und nach, besonders bei konkretem Bedarf, die weiteren drei Regeln, je nach Situation einzeln oder zusammen, ein.

Am besten visualisieren Sie die betreffenden Regeln auf Wortbildkarten an der Tafel und sprechen mit den Schülern über Inhalt und Gründe der Regeln.

Daran schließt sich die für Sie schwierigste Aufgabe an: die Kontrolle der konsequenten Einhaltung. Diese verlangt von Ihnen viel Ausdauer und Geduld.

Nehmen wir als Beispiel Regel 5.

Gewöhnlich kommen die Schüler, besonders in der Anfangszeit, sofort mit dem Arbeitsblatt zu Ihnen mit der Frage: „Was soll ich hier machen?"

Es wäre einfach für Sie, dem Schüler dann schnell zu erklären, wie er das Blatt bearbeiten soll. Konsequenter und, auf lange Sicht gesehen, produktiver ist jedoch, ihn an die Regelkarte zu erinnern und ihn zuerst an einen Mitschüler zu verweisen.

Beobachten Sie sein weiteres Vorgehen, und greifen Sie gegebenenfalls ein, falls Ihnen weitere Schwierigkeiten auffallen. Schicken Sie ihn entweder gezielt zu einem Mitschüler, von dem Sie vermuten, dass er die Aufgabe gut erklären kann, oder gehen Sie mit dem Schüler den Arbeitsauftrag schrittweise durch.

Lassen Sie ihn anschließend den Arbeitsauftrag mit eigenen Worten wiedergeben und schließlich die Aufgabe bearbeiten. Wenn Sie diese Vorgehensweise über einen konstanten Zeitraum durchhalten, werden Sie es in der Folgezeit wesentlich leichter haben.

■ **Ein konsequentes Einhalten der Regeln ist sehr wichtig. Nur so schaffen Sie es, die Schüler nach und nach zur Selbstständigkeit zu führen.**

Beim Nichtbeachten von Regeln können Sie, je nachdem, um welche Regel es sich handelt, verschiedene Konsequenzen ziehen. Hier ein paar Beispiele, die Ihnen sicherlich nicht unbekannt sind:

- Auf einen separaten Platz setzen.
- Von bestimmten Aufgaben/Spielen ausschließen.
- Privilegien entziehen (z.B. auf dem Flur oder in einem anderen Raum ohne permanente Aufsicht arbeiten zu dürfen).
- In eine andere Klasse setzen und dort arbeiten lassen.
- Auf Grund von Fehlverhalten nicht geschaffte Aufgaben nacharbeiten lassen.
- Eintrag ins Mitteilungsheft/Hausarbeitsheft/Klassenbuch.

Um die Aufmerksamkeit der Schüler während einer Arbeitsphase zu erlangen, benutze ich eine Triangel.

Ein Anschlag bedeutet, die Arbeit kurz unterbrechen, leise sein und zuhören.

Zwei Schläge deuten das Ende der Arbeitszeit an. Hierbei hilft mir außerdem eine Rücklaufuhr (Timer), die ich jedem für den Unterricht zur Visualisierung der verbleibenden Arbeitszeit empfehlen kann. Die Schüler sehen die rot gefärbte Arbeitszeit auf der Uhr ablaufen.

Die Uhr gibt keinerlei akustische Signale, trotzdem orientieren sich die Schüler sehr stark daran.

Meist vereinbare ich zu Beginn der Arbeitsphase mit zwei Schülern, dass sie die Arbeitsphase beenden dürfen, indem sie die Triangel 2-mal anschlagen. Sie sind in dem Fall dafür verantwortlich, darauf zu achten, wann die Zeit abgelaufen ist. Vergessen sie dies, werden sie mit Sicherheit von einem anderen Schüler erinnert.

Alternativ kann zum Beenden einer Arbeitsphase auch ein Lied abgespielt werden. Der Vorteil dabei ist, dass die Schüler die Aufgabe nicht sofort abbrechen müssen, sondern bis zum Ende des Liedes Zeit haben, ihre Aufgabe abzuschließen und die Materialien wegzuräumen.

Die Qualität der Aufgaben

Viele Lehrer neigen dazu, Gebiete oder Teilbereiche, die ihnen selber gut liegen, ausführlicher zu bearbeiten. Aus diesem Grund habe ich für meinen Wochenplan eine Liste entwickelt, nach der ich die einzelnen Aufgaben aussuche. Auf diese Weise stelle ich sicher, dass ich auch Themen berücksichtige, die ich ansonsten nicht so stark beachte.

Regelmäßige Aufgaben sind bei mir folgenden Bereichen zugeordnet:

- Buchstaben schreiben (je nach Klassenstufe entweder in Schreibschrift oder Druckschrift)
- Rechtschreibung oder Grammatik
- Lernwörter
- Freies Schreiben (Frage der Woche)
- Textverständnis/sinnerfassendes Lesen
- Mathematik
- Mathe-Knobel
- Ein Lernspiel
- Eine Aufgabe zur visuellen Wahrnehmung und/oder Schreibmotorik

Außerdem stelle ich je nach Unterrichtsinhalt eine Aufgabe zu Sachunterricht, Kunst sowie zur Arbeit am Computer.

Zu Beginn meiner Arbeit habe ich mit Wahl- und Pflichtaufgaben gearbeitet, die durch unterschiedlich farbige Aufgabenkarten gekennzeichnet waren. Mittlerweile gibt es bei mir nur noch Pflichtaufgaben, da der Begriff Wahlaufgabe ja nicht richtig ist, wenn die Aufgabe doch letztendlich erledigt werden muss.

Wer in meiner Klasse mit dem Wochenplan fertig ist, darf in bestimmten Arbeitsheften frei weiterarbeiten. Dadurch entsteht eine echte Wahlmöglichkeit und weitgehende Differenzierung.

■ **Versuchen Sie, die Aufgaben in sich zu differenzieren.**

In Mathematik spricht man häufig von „ergiebigen" oder „substanziellen" Aufgaben, in anderen Bereichen von „natürlicher Differenzierung".

■ **Stellen Sie offene Aufgaben.**

Diese Aufgaben eignen sich besonders gut für differenziertes Arbeiten, da das

Grobziel für alle Schüler gleich ist, sie jedoch auf ihrer Niveaustufe daran arbeiten können.

Am einfachsten sind offene Aufgaben im Bereich „freies Schreiben" zu verwirklichen.

Außerdem stelle ich regelmäßig eine „Frage der Woche". Diese bezieht sich auf die Erfahrungswelt der Kinder und kann je nach Leistungsstand sowohl mit einem Satz als auch auf zwei Seiten bearbeitet werden.

Beispiele für Fragen sind:

- Wie heißt dein bester Freund/beste Freundin? Berichte über ihn oder sie.
- Was hast du in den Ferien unternommen?
- Welches ist dein Lieblingsobst? Beschreibe es, und stelle den anderen ein Rätsel dazu.
- In Mathematik könnte eine offene Fragestellung lauten: Schreibe Aufgaben zu deiner Lieblingszahl in dein Zahlenheft.
- Auch Experimente, die individuell dokumentiert werden, eignen sich sehr gut.

▣ **Die Schüler arbeiten in individuellem Tempo mit vorgegebenen Materialien.**
Als Aufgabenstellung muss in einem bestimmten Heft eine Mindestmenge bearbeitet werden (z.B.: Bearbeite mindestens eine Seite im Schreibschriftheft).

▣ **Lassen Sie Schüler nur selbstständig weiterarbeiten, wenn sichergestellt ist, dass sie Ziel und Begründung der Übung verstanden haben.**
Ansonsten wäre es nur ein Abarbeiten der Aufgaben ohne Lernerfolg. Vorrangig bieten sich Hefte mit reproduktivem Charakter und sehr kleinschrittiger Vorgehensweise an (z.B. Mathematik-Trainingshefte, Hefte zum Leseverständnis, bedingt auch Hefte zur Erarbeitung der Druck- oder Schreibschrift).

▣ **Es erfolgt eine quantitative und/oder qualitative Differenzierung.**
Als klassisches Beispiel für diese Variante sei das Arbeitsblatt genannt, auf dem ein Text gelesen und anschließend Fragen beantwortet werden müssen.

Leistungsschwächere Schüler lesen den ersten Teil des Textes bis zu einem bestimmten, gekennzeichneten Abschnitt. Leistungsstärkere Schüler lesen den gesamten Text.

Im Anschluss werden Fragen beantwortet. Die leistungsstärkeren Schüler beantworten mehrere, evtl. komplexere Fragen, die sich auf den Gesamttext beziehen, die erste Gruppe bekommt Grundfragen zum Basistext.

Eine weitere Möglichkeit besteht darin, Schülern bestimmte Aufgaben zu erlassen.

Leistungsschwächere Schüler müssen Aufgaben, die zu schwierig oder die auf Grund ihres Arbeitstempos nicht zu bewältigen sind, nicht bearbeiten, während leistungsstarke Schüler Aufgaben, in denen sie schon sehr sicher sind oder die ihr Niveau übersteigen, nicht bearbeiten müssen.

▶ **Stellen Sie sicher, dass die Qualität der Aufgabenbearbeitung gewahrt wird. Es kommt nicht darauf an, möglichst schnell mit dem Wochenplan fertig zu sein.**

Die Qualitätssicherung erfolgt besonders durch die Würdigung in den
gemeinsamen Auswertungs- und
Plenumsphasen.
Nutzen Sie Lernspiele, die Differenzierungsmöglichkeiten bieten.
Hierzu gehören z.B. Logico®, LÜK®
oder Klammerkarten, bei denen die
Schüler den Schwierigkeitsgrad selber
wählen.

Wie bei der Auswahl der Materialien,
sollten Sie sich bei der Zusammen-
stellung der Aufgaben immer verge-
genwärtigen, welche Ziele die Schüler
durch die Bearbeitung erreichen
sollen, und diese danach auswählen.

Darbietung des Wochenplans

■ **Um die Selbstständigkeit der Kinder
zu fördern, ist eine übersichtliche,
klar strukturierte Darbietung des
Wochenplans erforderlich.**

Gleichzeitig muss die Darbietung effizi-
ent, das heißt, in der Vorbereitung für Sie
zu bewältigen sein und in Relation zum
Nutzen stehen.

Gerade in der Anfangszeit nimmt die Vorbereitung sehr viel Zeit in Anspruch – insbesondere, da eine Woche am Stück vorbereitet werden muss, während herkömmlicher Unterricht auch teilweise von Tag zu Tag geplant werden kann. Je universeller Ihr Darbietungssystem ist, desto mehr Zeit sparen Sie diesbezüglich bei der Vorbereitung. Die zu erledigenden Aufgaben und die dafür benötigten Materialien müssen für die Schüler eindeutig ersichtlich sein. Neben den Schülern haben auch viele Eltern daran Interesse, zu sehen, welche Aufgaben ihr Kind zu bearbeiten hat und wie der Arbeitsfortschritt vorangeht. Ich arbeite deshalb mit einer Übersicht auf zwei Ebenen.

Wochenplankarten

Bei den Wochenplankarten handelt es sich um Auftragskarten, die an einer Magnetleiste über einem Regal, auf dem die dazugehörigen Materialien bereitliegen, befestigt sind. (Beispiel s. S. 66) Um die Übersichtlichkeit und gute Lesbarkeit zu gewähren, habe ich mich für das Format A5 quer entschieden.

Die Wochenplankarten sind alle gleich aufgebaut. Jede Karte ist laminiert. Dadurch wird sie haltbarer, wiederverwendbar und kann mit Folienstift beschriftet und anschließend gereinigt werden.

In der rechten oberen Ecke ist das Symbol für die Lerngruppe abgebildet, von der die Aufgabe bearbeitet werden muss (z.B. Kaulquappe = einfaches Niveau, Frosch = schwierigeres Niveau).

Darunter ist in fetter Druckschrift der allgemeine Arbeitsauftrag geschrieben (z.B. „Arbeite im Mathe-Arbeitsheft S. XY", „Bearbeite das Arbeitsblatt …", „Bastle nach Anweisung …", „Spiele das Spiel …").

Die beschriebenen Arbeitsschritte sind unterstützend durch Symbole gekennzeichnet. (z.B. Stift für „Schreibe", Schere für „Schneide")

Auf der linken Hälfte der Arbeitskarte ist entweder das dazugehörige Material abgebildet (z.B. Logico®-Brett, bestimmtes Schulbuch), oder die Seite ist, wenn es sich um eine Auftragskarte für ein Arbeitsblatt oder eine Bastelaufgabe handelt, leer.

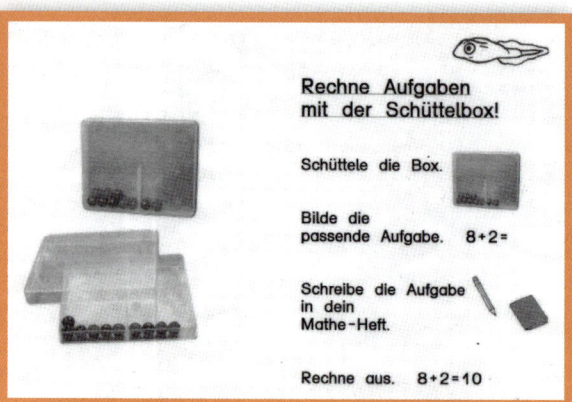

Sollen die Schüler ein bestimmtes Arbeitsblatt bearbeiten, kopieren Sie es einmal
verkleinert, und kleben es mit Klebeband
auf die linke Hälfte der Wochenplankarte.
Auf diese Weise wissen die Schüler sofort,
welches Arbeitsblatt sie bearbeiten müssen,
und Sie können die Karte immer wieder
nutzen.
Im Laufe der Jahre ist meine Kartei auf ca.
250 Auftragskarten angewachsen, auf die
ich zurückgreifen kann. Heute entwerfe
ich nur noch selten neue Auftragskarten,
außer, wenn wir einen Schulbuchwechsel
machen, oder ein neues Lernspiel dazu-
kommt.

Den Kern des Wochenplans bilden immer die gleichen, zentralen Auftragskarten.

Aufgabenübersicht

■ **Um den Wochenplan noch individueller gestalten zu können und um die Arbeit für die Eltern transparent zu machen, erhält jeder Schüler eine Aufgabenübersicht.**

Die Aufgabenübersichten werden in einem separaten Schnellhefter gesammelt und sind so jederzeit für Schüler, Lehrer und Eltern einsehbar.

Unter einer Zeile für den Schülernamen ist in der linken oberen Ecke wieder das Symbol für die Niveaustufe der Aufgaben abgebildet. (Beispiel s. S. 69)

Aus der Überschrift ist die Kalenderwoche erkenntlich.

Dem folgt eine Tabelle mit sechs Spalten:

1 | In der ersten Spalte ist der Aufgabenbereich beschrieben. Diese Information ist nicht unbedingt erforderlich, kann aber hilfreich und für die Eltern interessant sein.

2 | Als Erkennungshilfe ist in der zweiten Spalte das benötigte Material, genau wie auf der Wochenplankarte, abgebildet.

3 | In der dritten Spalte steht der Arbeitsauftrag.

4 | In der vierten Spalte kreuzen die Schüler jede bearbeitete Aufgabe an. Dabei entscheiden sie sich mit Hilfe der Gewichthebersymbole, ob sie die Aufgabe als leicht, mittel oder schwer empfanden.
Auf diese Weise lernen die Schüler, sich selbst einzuschätzen. Weiterhin gibt die Einschätzung Ihnen eine Rückmeldung, ob das Aufgabenniveau angemessen gewählt war.

5 | In der folgenden schmalen Spalte kann eine weitere Differenzierung eingetragen werden. Ich kennzeichne diese durch ein, zwei oder drei Sterne (leicht bis schwer).

6 | In der letzten Spalte ist Platz für zusätzliche Bemerkungen. Diese können sehr unterschiedlich sein. Bei einigen Schülern, die Probleme mit der Selbstorganisation haben oder eine engere Struktur zum Arbeiten benötigen, nutze ich die Spalte, um ihnen einzutragen, an welchem Wochentag sie sich welche Aufgabe vornehmen sollten.

Name: Nina

Wochenplan vom 28.09. bis 02.10.09

Aufgabe			fertig	Bemerkungen
Schreibschrift		AB Schwungübungen Meine Stifte lernen laufen Übung sorgfältig ausführen!!!		Schwierigkeiten beim Linien-einhalten!
Schreibschrift		3 Reihen großes A, 3 Reihen kleines a ins rote Schreibheft		
Lernwörter		Text von der Tafel abschreiben, Lernwörter unterstreichen		
Rechtschreibung/ Grammatik		AB Nomen Wörter richtig in die Tabelle einordnen, Anfangsbuchstaben unterstreichen		Wochenplanaufgabe nicht geschafft. Bitte nachholen!
Lesen/ Textverständnis		Mind. 1 Seite im blauen Lola-Heft		3 Seiten Super! (bis S. 12)
Mathematik		Das Hunderterfeld Ma AH * S. 15, Nr. 1 bis 3 ** S. 16, Nr. 1 bis 4	✳	
Mathe-Knobel		Bearbeite die aufgebauten Stationen zum Themenbereich „Ansichten" Stationen: 1, 2, 3, 4, 5		St. 1, 3, 4
Computer		Arbeite am Computer! Spiele ein Spiel zur Orientierung mit dem Wörterbuch!		

grau: Grundaufgaben, weiß: Wahlaufgaben
* Differenzierungsgrad * leicht, ** mittel, *** schwer
Durchgestrichene Aufgabe > muss individuell nicht erledigt werden.

Lernwörter: Schule, ich, schreiben, lesen malen, Tafel, Pause, Lehrerin, Kind, Stift, spielen

Sonstiges: Bitte denken Sie an die Bezahlung der Gelder: 2x 15,- Klassenkasse, 25,- Materialgeld, 8,- Klassenfahrtschein!
Do, 01.10. Ausflug Verkehrsschule, Rucksack m. Frühstück und Getränk, gelbe Mütze; Fr. 02.10. Schultsalogra!

Unterschrift d. Erziehungsberechtigten

Diese Vorgehensweise eignet sich besonders für Kinder mit Aufmerksamkeits- oder Konzentrationsstörungen, die sich häufig in geöffneten Formen schwerer zurechtfinden, da sie Probleme haben, die vielen Reize zu verarbeiten.

Bei anderen Schülern gebe ich Hinweise für Eltern, in welchem Bereich Übungsbedarf besteht. Außerdem wird in der Spalte vermerkt, wenn eine Wochenplanaufgabe nicht geschafft wurde und nun zu Hause beendet werden muss.

Auf dem unteren Teil der Aufgabenübersicht vermerke ich außerdem die aktuellen Lern- und Diktatwörter. Auf diese Weise sind die Wörter allen Eltern bekannt.

Darunter ist ein Punkt „Sonstiges", in dem ich Hinweise und Zusatzinformationen, wie z.B. Daten von Ausflügen, Elternabenden, die Abgabe von Rücklaufzetteln, gebe.

Die Aufgabenübersicht ist am Ende der Woche von den Eltern zu unterschreiben. Dadurch stelle ich sicher, dass sie über die Lernleistungen ihres Kindes informiert sind und über schulrelevante Termine sowie die Lernwörter Bescheid wissen.

Auf den ersten Blick sieht die Vorbereitung der Aufgabenübersicht recht aufwändig aus.

Haben Sie jedoch eine Vorlage angelegt, lassen sich die Aufgaben relativ schnell einsetzen und die Übersichten mit handschriftlichen Ergänzungen weiter individualisieren.

Auswertung der Arbeit

■ **Haben die Schüler eine Aufgabe bearbeitet, legen sie diese in einen Ablagekorb, den so genannten „Fertig-Ordner".**

Zusätzlich zum Begriff ist dieser wieder mit einem Symbol gekennzeichnet. Als Ablagekorb eignen sich Pappdeckel von Kopierpapier, die mit einem Schild beklebt werden (bei mir: Rot = Deutsch, Blau = Mathematik).

Die im Fertig-Ordner befindlichen Aufgaben werden von Ihnen kontrolliert. Um die Korrekturarbeit zu vermindern, können Sie, gerade in höheren Klassenstufen, nur die Aufgaben speziell kennzeichnen, die abgegeben werden müssen. Bei den restlichen Aufgaben übernehmen die Schüler selbst untereinander die Kontrolle.

Die Korrekturarbeit nimmt recht viel Zeit in Anspruch. Gleichzeitig gibt sie Ihnen einen sehr differenzierten Einblick in den Leistungsstand der einzelnen Schüler.

Zur Dokumentation der Schülerleistungen benutze ich einen Übersichtsplan, auf dem alle Aufgaben und alle Schülernamen in Tabellenform verzeichnet sind.

Ein Exemplar hängt an der Tafel. Dort können die Schüler eine bearbeitete Aufgabe ankreuzen und so ihren Aufgabenstand mit Mitschülern vergleichen. In einem zweiten Exemplar vermerke ich, wie die einzelne Aufgabe vom Schüler bearbeitet wurde (ordentlich, ok, fehlerhaft, unsauber usw.). Diese Übersichtspläne dienen neben weiteren Kontrollbögen als Grundlage für Elterngespräche und zum Zeugnisschreiben.

Ist eine Aufgabe kontrolliert und für gelungen befunden, bekommt sie einen Stempel und wird in den **„Hefter-Ablagekorb"** gelegt. Dieser Ablagekorb wird während der Wochenplanzeit selbstständig vom Austeildienst geleert und darin befindliche Materialien an die Schüler zurückgegeben und von ihnen abgeheftet oder weggeräumt. Gibt es bei einer Aufgabe Beanstandungen, weil sie zu viele Fehler aufweist, unvollständig oder unordentlich bearbeitet wurde, wird sie in den **„Fragezeichen-Korb"** gelegt.

Dieser Korb darf nicht von den Schülern geleert werden.

Während die Schüler am Wochenplan arbeiten, ist genug Zeit, den Korb abzuarbeiten und Schülern oder Schülergruppen Hinweise oder ergänzende Erklärungen zu einer Aufgabe zu geben.
Lernspiele und Experimente werden sofort kontrolliert, indem Ihnen die Schüler das fertige Spiel zeigen und sie sich die Aufgabe anschließend ankreuzen dürfen.

■ **Kreative Aufgaben sowie Aufgaben mit offenen Aufgabenstellungen (z.B. Schreibanlässe, Bastelarbeiten, Aufgaben mit eigenen Ideen und Lösungsansätzen) sollten gesondert gewürdigt werden.**

Hierzu eignet sich entweder die Zeit am Ende der Wochenplanstunde oder eine besondere Plenumsstunde, in der Schüler ihre Arbeiten selber vorstellen und Arbeitsergebnisse diskutiert werden können.

Planen Sie pro Woche mindestens zwei Auswertungsstunden ein. Geben Sie am Ende jeder Wochenplanstunde immer eine kurze Rückmeldung zum Arbeitsverhalten.

Umgang mit nicht beendeten Aufgaben

Um eine zusätzliche Motivation zum zügigen, zielstrebigen Arbeiten zu geben, habe ich die „Stunde der verlorenen Zeit" eingeführt. In dieser letzten Wochenplanstunde der Woche dürfen alle Schüler, die zielstrebig und zügig gearbeitet haben, sämtliche im Raum vorhandene Materialien nutzen und sich damit frei beschäftigen.

Ich versuche, den Wochenplan so zu konzipieren, dass die Schüler es schaffen, in der vorletzten Wochenplanstunde oder zu Beginn der letzten Stunde mit ihren Aufgaben fertig zu werden.
Stelle ich fest, dass ein Schüler die Woche über zielstrebig gearbeitet hat, aber den Wochenplan trotzdem nicht beenden konnte, streiche ich ihm Aufgaben.
Schüler, die auf Grund schlechter Zeiteinteilung und Ablenkung ihr Aufgabenpensum nicht erreicht und damit Zeit verloren haben, müssen diese, möglichst in einem separaten Raum, nachholen.
Diese Methode hat sich als sehr effektiv herausgestellt.

Schaffen Schüler selbst in dieser Zeit ihre Aufgaben nicht, entscheide ich, ob sie diese am Wochenende zu Hause beenden müssen, und vermerke es in Form eines Stempels: „Wochenplanaufgabe nicht geschafft! – Bitte nachholen." in der letzten Spalte ihrer Aufgabenübersicht.

Für die meisten Schüler ist die „Stunde der verlorenen Zeit" ein großes Highlight, auf das sie sich die ganze Woche freuen und stolz sind, dass sie ihre Aufgaben geschafft haben und mit allen vorhandenen Materialien spielen dürfen.

KAPITEL 3 | AUF EINEN BLICK

- Die Schüler erwerben durch die Wochenplanarbeit selbstständig inhaltliche und methodische Kompetenzen.

- Verbindliche Regeln und viel Geduld sind essenziell für das Gelingen der Wochenplanarbeit.

- Gute Aufgaben für die Wochenplanarbeit sind offen, in sich differenziert und selbsterklärend.

- Durch immer gleich strukturierte Darbietungsformen schaffen Sie Sicherheit für die Schüler.

- Zur Orientierung für Schüler und Eltern erhält jeder Schüler eine Aufgabenübersicht für die ganze Woche.

- Kontrollieren Sie die wichtigsten Aufgaben selbst, und lassen Sie die restlichen Aufgaben von den Schülern untereinander kontrollieren.

☑ Gibt es Situationen, in denen
ich von der Wochenplanarbeit
absehen sollte?

☑ Welche Schwierigkeiten können
auftauchen?
Wie kann ich diesen begegnen?

Obwohl die Arbeit mit dem Wochenplan modernen Unterrichtsprinzipien entspricht und viele Vorteile aufweist, hat diese Methode auch Grenzen.

■ **Der am häufigsten begangene Fehler beim Arbeiten in geöffneten Arbeitsformen ist, dass Offenheit mit Beliebigkeit verwechselt wird.**

Manche Lehrer stürzen sich und ihre Klassen in einen blinden Aktionismus und verlieren dabei die Ziele aus den Augen.

■ **Je offener die Art des Arbeitens von einem Kind gestaltet wird, desto besser müssen die verwendeten Materialien strukturiert und der Rahmen mit überschaubaren Regeln abgesteckt sein.**

Nur so erhält das Kind die Orientierung, die es für seine Eigenverantwortlichkeit braucht.

Überdenken Sie diesen strukturellen Rahmen im Voraus, und schätzen Sie Vor- und Nachteile ab.

Mit der Wochenplanarbeit zu beginnen, bedeutet in den ersten Jahren sicherlich einen erhöhten Arbeitsaufwand, insbesondere bei der Planung des Unterrichts sowie bei Korrekturen und der Nachbereitung.

■ **Die Arbeit zahlt sich jedoch aus, wenn die Selbstständigkeit der Schüler steigt und Sie sich immer weiter in Ihre Rolle als Beobachter und Berater zurückziehen können.**

Trotzdem gibt es Situationen und Konstellationen, in denen ich von Wochenplanarbeit abraten und zu anderen, nicht so komplexen, geöffneten Unterrichtsformen greifen würde (z.B. Tagespläne, Lerntheke):

Leider werden die Rahmenbedingungen in vielen Bundesländern auf Grund schwieriger Finanzlagen zunehmend schlechter. Besonders hinderlich wirken sich zu kleine und zu wenige Räume, sehr große Klassen, fehlende Unterrichtsmaterialien sowie nicht genügend gut geschultes Personal aus. Ein weiteres Hindernis zum Start mit dem Wochenplan ist sicherlich das teilweise sehr junge Schuleintrittsalter in einigen Bundesländern.

Schüler mit fünfeinhalb Jahren sind kaum in der Lage, ein System von solcher Komplexität zu durchschauen und sich darin zurechtzufinden. Auch ist ihr Handeln häufig noch von momentanen Bedürfnissen geprägt, ohne weitere Einsichten, die zu planvollem Handeln benötigt werden. Andererseits erhalten sie in der Form der Wochenplanarbeit, im Gegensatz zum Frontalunterricht, die Möglichkeit, sich stärker zurückzunehmen, nur in den Unterricht hereinzuschnuppern und sich an das Lernen zu gewöhnen.

Eine weitere Schwierigkeit stellen die immer stärker abnehmenden Vorerfahrungen und Grundfertigkeiten dar, trotz derer Kinder eingeschult werden.

Manche Schüler sind häufig nicht in der Lage, selbst einfachen, einschrittigen Arbeitsanweisungen wie „Nimm deinen roten Hefter aus der Schultasche." zu folgen, da die vorschulische Förderung nicht mehr verbindlich und auf die Bedürfnisse der Schule abgestimmt ist.

Auch in Gebieten mit sozialen Brennpunkten kann die Einführung der Wochenplanarbeit schwierig sein.

■ **Geöffnete Arbeitsformen setzen stark auf die natürliche Neugier und Eigenmotivation der Kinder.**

Auf Grund vorkommender Resignation und Perspektivlosigkeit der Eltern wird die Neugier vom Elternhaus aus häufig nicht gefördert und nimmt dementsprechend ab. Dazu kommen in vielen Fällen Verhaltensauffälligkeiten und Konzentrationsstörungen, teilweise mit Hyperaktivität.

Für geöffnete Arbeitsformen sind solche Kinder unter Umständen auf Grund der hohen Reizflut sowie der Selbstorganisation überfordert.

Klassen mit großen disziplinarischen Schwierigkeiten sollten dringend zuerst ihr Regelverhalten trainieren und mit kürzeren geöffneten Phasen, z.B. mit Tagesplänen, beginnen.

■ **Lassen Sie sich trotzdem nicht entmutigen, neue Wege zu gehen und für Ihre Klasse die beste Methode zu entwickeln.**

KAPITEL 4 | <u>AUF EINEN BLICK</u>

- Offenheit bedeutet nicht Beliebigkeit. Die Wochenplanarbeit setzt klare Strukturen, Ziele und Regeln voraus.

- Die Einführung der Wochenplanarbeit ist am Anfang zeit- und arbeitsintensiv. Auf lange Sicht zahlt sich das Engagement jedoch immer aus.

- Auf Grund von ungünstigen Rahmenbedingungen (zu große Klassenstärken, zu kleine Klassenräume, fehlende Gelder etc.) kann die Wochenplanarbeit erschwert werden.

- Für manche Kinder (die sehr jung sind, unter Konzentrationsstörungen leiden, aus schwierigen familiären Verhältnissen stammen etc.) kann die Wochenplanarbeit eine Überforderung darstellen.

- Haben Sie dennoch Mut, die für Ihre Klasse besten Unterrichtsformen und Methoden herauszufinden.

Wo kämen wir hin, wenn alle sagten: „Wo kämen wir hin?" und keiner ginge, um zu schauen, was da wäre, wenn man ginge?

— *Überliefertes Sprichwort*

Soll ich wirklich <u>beginnen</u>?

Abschließend möchte ich Ihnen für den Start mit der Wochenplanarbeit ein paar Mut machende Tipps geben:

↪ **Seien Sie mutig, und wagen Sie neue Schritte!**

↪ **Setzen Sie sich nicht unter Druck, wenn etwas nicht klappt!**

↪ **Beschränken Sie sich auf die wichtigsten Regeln!**

↪ **Nehmen Sie sich eine oder zwei Regeln vor, auf die sie verstärkt achten und an denen Sie verstärkt arbeiten. Erst, wenn diese sicher beherrscht werden, fokussieren Sie das nächste Problem.**

↪ **Arbeiten Sie zielorientiert!**

↪ **Beginnen Sie mit wenigen, übersichtlichen Aufgaben!**

↪ **Starten Sie evtl. zunächst mit Tagesplänen, bevor Sie zu Wochenplänen übergehen.**

↪ **Nutzen Sie zu Beginn besonders Aufgaben mit natürlicher Differenzierung!**

- ▶ **Nehmen Sie sich Zeit für Auswertungen, Würdigungen und Präsentationen!**

- ▶ **Entwickeln Sie nach und nach Ihr eigenes System, in dem Sie sich wohlfühlen! – Nur dann werden sich auch Ihre Schüler damit wohlfühlen.**

- ▶ **Lassen Sie auch Rückschritte und Veränderungen zu!**

Ich wünsche Ihnen, dass Sie durch die kleinen und großen Erfolge der Kinder und deren Neugier, Eifer und Begeisterung immer wieder neuen Mut, Kraft, Ideen, Kreativität und Freude für die Durchführung und Weiterentwicklung Ihres Unterrichts finden können!

Alexandra Ferrary

Medien- und Materialtipps

Lehrwerke

Deutsch

- Cornelsen Verlag: **Einsterns Schwester**
- Diesterweg Verlag: **Konfetti**
  (Werk für den offenen (Anfangs-)Unterricht)
- Jandorfverlag: **Lies mal!** Heftreihe zum
  sinnerfassenden Lesen
- Jandorfverlag: **Schreiben zu Bildern**
  Heft zum Schreiben von Wörtern
- Jandorfverlag: **Geschichten schreiben**
  Heft mit Schreibanlässen
- Jandorfverlag: **Druckschriftlehrgang/
  Schreibschriftlehrgang**

Mathematik

- Cornelsen Verlag: **Einstern**
- Diesterweg Verlag: **Flex und Flo**
- Jandorfverlag: **Zifferntrainer**
- Jandorfverlag: **Zahlenfuchs.**
  Heft mit ergänzenden Rechenaufgaben

Materialien

- **Rücklaufuhr Timetimer**: www.timetimer.de
- Finken Verlag: **Logico Lernsystem:**
  (mit Karten zu unterschiedlichen Lernbereichen)
- Persen Verlag: **Bergedorfer Colorclips**
- Verlag Otto Heinevetter Lehrmittel:
  Lerntrainer (Systempuzzle) Big Profi
- Verlag Otto Heinevetter Lehrmittel:
  Lerntrainer (Systempuzzle) Controllfix
- Verlag Otto Heinevetter Lehrmittel:
  Lerntrainer (Systempuzzle) Mathematix

- Verlag Otto Heinevetter Lehrmittel:
  Lesespurabenteuer
- Logo-Lern-Spiel-Verlag: **Nikitin Materialien**

Internetadressen

- Freie Cliparts: http://school.discoveryeducation.com/clipart/category/stud.html
- Briefpapier/Schmuckblätter für Schreibanlässe: www.eduhi.at/material/edugenerator/index.php?type=schmuckblatt
- Kostenlose Materialsammlung zu vielen Lernbereichen: www.wegerer.at
  www.4teachers.de

Literaturtipps

Kerstin Klein:
KlassenlehrerIn sein.
Das Handbuch. Strategien, Tipps, Praxishilfen.
Verlag an der Ruhr, 2006. ISBN 978-3-8346-0154-4

Jessica Lütge:
Relax! Entspannt Lehrer sein.
Verlag an der Ruhr, 2009. ISBN 978-3-8346-0544-3

Holger Mittelstädt:
Evaluation von Unterricht und Schule.
Strategien und Praxistipps.
Verlag an der Ruhr, 2006. ISBN 978-3-8346-0150-6

Holger Mittelstädt:
Unterrichtsvorbereitung.
Strategien, Tipps, Praxishilfen.
Verlag an der Ruhr, 2010. ISBN 978-3-8346-0667-9

Kathy Paterson:
Erfolgreich unterrichten –
für Profis, Quereinsteiger und Externe.
Verlag an der Ruhr, 2007. ISBN 978-3-9346-0340-1

Verlag an der Ruhr

45472 Mülheim an der Ruhr | www.verlagruhr.de
Tel.: 05 21/97 19 330 | Fax: 05 21/97 19 137
E-Mail: bestellung@cvk.de